Mamie
raconte-moi ton histoire

un livre souvenir pour mes descendants

Mamie raconte-moi ton histoire...

Ce livre sera un véritable trésor familial à travers ton histoire de vie. Je te l'offre aujourd'hui pour que tu puisses me l'offrir à ton tour et me faire ce précieux cadeau comme un joyau familial.
Car ton histoire, c'est un peu la nôtre qui coule aussi dans nos veines.

Je connais pas mal de choses de toi et de ta vie mais il y a aussi beaucoup de choses que je ne connais pas. Pour nous, tes descendants, c'est important de connaître ton parcours de vie pour comprendre d'où l'on vient et de pouvoir ensuite le transmettre à notre descendance.

Ce livre est guidé par des questions, il te suffit de le compléter mais si certaines phrases ne t'inspirent pas, ne te sens pas obligée d'y répondre, ce n'est pas grave. Tu trouveras en fin de livre des pages pour inscrire sur papier tes pensées ou développer une période de ta vie que tu souhaites relater. Tu pourras également le compléter par des photos si tu en as.

Une fois que tu auras terminé ce journal, je le conserverai comme un bijou, un joyau de famille exceptionnel que je pourrai transmettre à mes descendants.

Mamie, je te remercie d'avance. J'espère que tu prendras plaisir à raconter ton histoire, sache que pour moi le plaisir sera immense.

———————————————————

Sommaire

Toi, ma grand-mère

Tu es née le ……………… à ………………….

Tu t'appelles ……………………

Pourquoi ce prénom, le sais-tu ?……………………………

……………………………………………

Tu as …… enfants, …… petits enfants et …… arrières petits enfants.

Notre plus belle photo
tous les deux

Ton enfance

Ton école était comment ?
Les classes étaient mixtes ?

Est-ce que tu travaillais bien ou est-ce que c'était difficile pour toi ?

Tes maîtresses ou maîtres s'appelaient comment ?

- ....
- ....
- ....
- ....
- ....
- ....

Est ce que tu avais beaucoup de matières comme nous aujourd'hui : anglais, sciences,… ?

Comment s'appelaient tes copines ?

- ....
- ....
- ....
- ....
- ....
- ....
- ....

Dans la cour de récréation vous jouiez à quoi?

Quand vous faisiez des bêtises, quelles étaient vos punitions ?

Tu allais à l'école comment ? A pied, à vélo, en voiture....

Quand tu étais petite, quel métier rêvais-tu de faire ?

Tes jouets et jeux préférés c'étaient lesquels ?

- ....
- ....
- ....

- ....
- ....
- ....

Est-ce que tu étais une enfant gentille ? Tu faisais beaucoup de bêtises?

Est-ce que tu avais des animaux domestiques ?

Quelle est la plus grosse bêtise que tu aies faite ?

....

....

....

....

Et est la plus grande rigolade avec les copines, c'était à
quelle occasion ?

....

....

....

Pratiquais-tu un sport ?

....

....

Est-ce que ta maman cuisinait bien ? qu'est-ce que tu aimais et ce
que tu détestais ?

....

....

....

Des photos de toi quand tu étais enfant

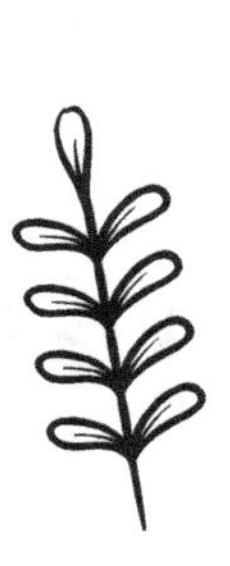

Ta famille

Parle-moi de tes parents : comment s'appellent-ils, quel
était leur travail, comment étaient -ils ?

Ta maman :

....

....

....

....

....

....

....

....

née le : .... à : ....

Connais-tu l'origine de la famille de ta maman ?

....

....

Ton papa :

....

....

....

....

....

....

....

....

....

....

né le : ....   à : ....

Connais-tu l'origine de la famille de ton papa ?

....

....

....

As-tu des frères et soeurs ?

Et tes grands-parents tu les as connus ? Parle-moi d'eux aussi .

Comment étais ta maison d'enfance ? As-tu habité plusieurs maisons ?

Est-ce que tu avais ta propre chambre ?

Comment étaient les relations avec tes frères et soeurs ?

Est-ce que tu voyais souvent ta famille proche : tes cousins, cousines, oncles et tantes…?

Est-ce que vous partiez parfois en vacances ?  

Est -ce que tu as une photo de toute ta famille ?

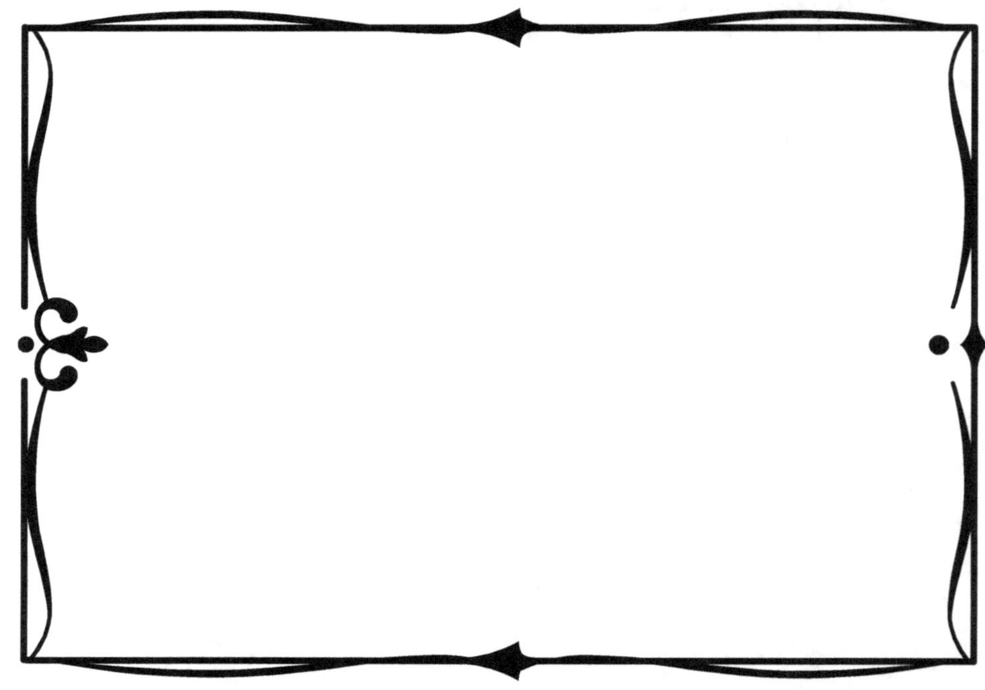

Ton arbre généalogique

Ta vie d'adulte

Après l'école tu as fait quoi comme premier travail ?
Est-ce qu'il te plaisait ?

Et après qu'est ce que tu as fait ?

Est-ce que tu sortais au bal avec les copines ?
Si oui, où ?

Est-ce que les garçons te faisaient la cour ?

Et après qu'est-ce que tu as fait ?

....
....
....
....
....
....

Tu habitais loin de tes parents ?
Tu les voyais souvent ?

....
....
....
....
....
....

Est -ce que tu as découvert d'autres pays ?
Où as-tu voyagé ?

Est -ce que tu as vécu des moments historiques ?
Comme la guerre par exemple ou une crise…?

Raconte-moi comment tu as rencontré papy.

Parle moi de lui ?

Comment a-t-il fait sa demande en mariage ?

Vous aviez quels âges ?

Comment s'est passé votre mariage ? Dans quelle commune avez-vous été mariés ?

Etes-vous partis en voyage de noces ?

Comment avez-vous décidé d'avoir un enfant ?

Quel est ton plus beau souvenir avec Papy ?

Quelle a été votre plus grosse dispute ?

Laisse-moi des photos de vous

Ta vie de maman

Comment as-tu réagi lorsque tu as appris que tu étais enceinte ?

Papy était-il présent à la maternité quand tu as accouché ?
Comment s'est passé ton premier accouchement ?

Est-ce que les enfants étaient sages ?

Qu'est -ce que tu aimais faire avec eux ?

Et Papy, est-ce qu'il t'aidait un peu dans les tâches ménagères ?

Est-ce que vous avez voulu d'autres enfants ?

Comment avez-vous choisi le (les) prénom(s) ?

Avez-vous fait le choix de les baptiser ? Si oui, où étais-ce ?

Quelle est la plus grosse bêtise faite par tes enfants ?

Est -ce que tu t'es mise en colère ? Tu les as puni ?

Qu'est -ce que tu aimais le plus dans ton rôle de maman ?
Et qu'est -ce qui t'énervais le plus ?

Photos de famille

Ta vie de Grand-mère

Quel âge avais-tu quand tu es devenue grand-mère pour la première fois?

Est-ce que c'est bien d'être grand-mère ?

Qu'est -ce que tu préfères quand tu es avec moi ?

Tu m'aimes grand comment ?

Maman dit que tu n'écoutes pas quand elle te dis de ne pas
me donner trop de gâteaux et de bonbons...C'est vrai ?

Parfois je t'entends dire que je te fatigue ....
C'est vrai que je suis fatiguant ?

Est-ce qu'il y a des choses que je peux faire et auxquelles tu disais non à tes enfants ?

Quels sont, à ce jour, tes plus beaux souvenirs avec moi ?

Tes plus beaux souvenirs en photos

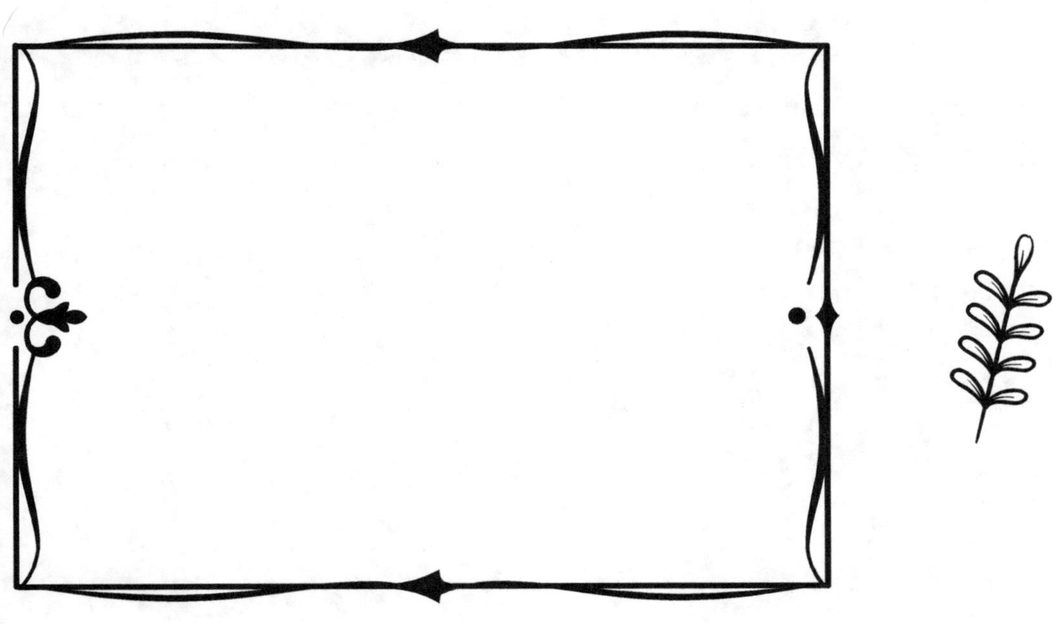

Panorama de ta vie

Quels sont tes plus beaux moments de vie ?

Qu'est -ce que tu aimes le plus dans la vie ? ★★★

Qu'est -ce que tu aimes le plus dans la vie ?

De quoi as-tu le plus peur ?

Et à ta retraite qu'est-ce que tu as fait ?

Est-ce que tu penses que tu as fait plein de choses dans ta vie ?
Est-ce qu'il y a encore des choses que tu aimerais faire ?

Lorsque tu regardes en arrière, sur quoi tu as des regrets ?

Quels conseils me donnerais-tu pour réussir dans ma vie personnelle ?

Et dans ma vie professionnelle ?

Et dans ma vie professionnelle ?

Focus sur un moment clé de ta vie

Souhaites-tu revenir sur un moment clé de ta vie, que ce soit personnel ou professionnel ?

Focus sur un moment clé de ta vie

Focus sur un moment clé de ta vie

Focus sur un moment clé de ta vie

Focus sur un moment clé de ta vie

Ce que je dois encore savoir ...

Astuces et systèmes D

Quelles astuces et système D as-tu utilisé ou développé et que tu souhaites me transmettre ?

— schéma —

Astuces et systèmes D

schéma

Astuces et systèmes D

Astuces et systèmes D

schéma

Astuces et systèmes D

schéma

Tes recettes de cuisine

RECETTE 1	....	**NOTE** ☆☆☆☆☆
	....	**DIFFICULTE** ○○○○○

ORIGINE : ....

nombre de parts	temps de préparation	temps de cuisson	température du four
....	....	....	....

INGREDIENTS : ....

....

....

....

PREPARATION: ....

....

....

....

....

....

....

....

....

....

....

....

NOTES : ....

....

....

Tes recettes de cuisine

RECETTE 2

NOTE ☆☆☆☆☆

DIFFICULTE ○○○○○

ORIGINE :

nombre de parts

temps de préparation

temps de cuisson

température du four

INGREDIENTS :

PREPARATION:

NOTES :

Tes recettes de cuisine

RECETTE 3		NOTE ☆☆☆☆☆
		DIFFICULTE ○○○○○

ORIGINE : ....

nombre de parts .... temps de préparation .... temps de cuisson .... température du four ....

INGREDIENTS : ....

....

....

....

PREPARATION: ....

....

....

....

....

....

....

....

....

....

....

NOTES : ....

....

....

Tes recettes de cuisine

RECETTE 4

NOTE
☆☆☆☆☆

DIFFICULTE
○○○○○

ORIGINE :

nombre de parts | temps de préparation | temps de cuisson | température du four

INGREDIENTS :

PREPARATION:

NOTES :

Tes recettes de cuisine

RECETTE 5

NOTE ☆☆☆☆☆

DIFFICULTE ○○○○○

ORIGINE : ....

nombre de parts | temps de préparation | temps de cuisson | température du four

INGREDIENTS :

PREPARATION:

NOTES :

Tes recettes de cuisine

RECETTE 6

NOTE
☆☆☆☆☆

DIFFICULTE
○○○○○

ORIGINE :

nombre de parts

temps de préparation

temps de cuisson

température du four

INGREDIENTS :

PREPARATION:

NOTES :

Tes recettes de cuisine

RECETTE 7

NOTE ☆☆☆☆☆

DIFFICULTE ○○○○○

ORIGINE :

nombre de parts

temps de préparation

temps de cuisson

température du four

INGREDIENTS :

PREPARATION:

NOTES :

Tes recettes de cuisine

RECETTE 8

NOTE
☆☆☆☆☆

DIFFICULTE
○○○○○

ORIGINE :

nombre de parts

temps de préparation

temps de cuisson

température du four

INGREDIENTS :

PREPARATION:

NOTES :

Tes recettes de cuisine

RECETTE 9

NOTE
☆☆☆☆☆

DIFFICULTE
○○○○○

ORIGINE :

nombre de parts | temps de préparation | temps de cuisson | température du four

INGREDIENTS :

PREPARATION:

NOTES :

Tes recettes de cuisine

RECETTE 10

ORIGINE :

nombre de parts   temps de préparation   temps de cuisson   température du four

INGREDIENTS :

PREPARATION:

NOTES :

Ta vie en photos

Ta vie en photos

Ta vie en photos

Ta vie en photos

Ta vie en photos

Ta vie en photos

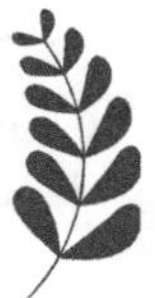

Ta vie en photos

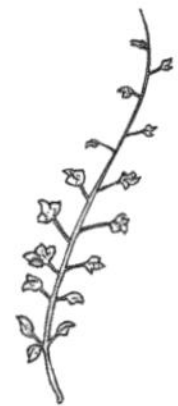

Ta vie en photos

Ta vie en photos

Ta vie en photos

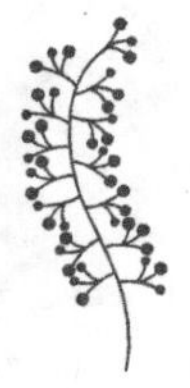

Espace libre

Espace libre

Espace libre

Espace libre

Espace libre

Espace libre

Espace libre